GERMANO SILVA

Autor de
GUERRA DE MARCAS

MERCADO MINADO

3 princípios básicos criar uma Marca Líder

Dedicado à minha querida filha

Sofia Maia Guarnieri,

Minha fonte perene de inspiração.

Não existe receita para o sucesso, sorte ou azar.
Ele acontece apenas para quem está disposto a
arriscar tudo o tempo todo.

PREFÁCIO

Fundar uma empresa bem-sucedida, criar uma marca de sucesso, conquistar uma fatia do mercado e expandir geograficamente o tanto quanto for possível. Esta é a meta de todo empreendedor que está iniciando um negócio, mesmo que cheio de limitações como pouco dinheiro para investir e falta de experiência profissional no segmento escolhido.

Meta, dinheiro e experiência profissional são três fatores relevantes nesse processo. Todavia, num Mercado Minado pelas marcas, a importância não gera nenhuma garantia de sucesso – embora diminua as chances de fracasso. Na verdade, sucesso e fracasso estão sempre caminhando lado a lado neste cenário de guerra. Infelizmente, uma marca tem que perder para outra ganhar. Esta é a regra imutável do jogo. Não há como evitar. E sempre há empresas dos dois lados: perdedor x vencedor.

Não existem roteiros prontos, não tem receitas que funcionem de fato, não há resultados garantidos por mais eficiente que seja o método proposto. A única coisa que prevalece é a escolha do cliente em perspectiva depois de a marca ser lançada no mercado. O problema é que para alcançar esse estágio, muitos recursos já foram empregados mesmo sem nenhuma garantia de retorno. Se o resultado desejado não for alcançado, nada mais poderá ser feito a não ser lutar pela sobrevivência até encontrar um lugar seguro para se recuperar.

Com ou sem uma meta, sem ou com o dinheiro e a experiência profissional necessários, os que estão dispostos a investir suas economias é bom saber que há uma diferença enorme entre sonho e fantasia. O mercado até tolera sonhadores. Mas, sempre pune com rigor aqueles que se esquecem da realidade por não aceitar abrir mão da fantasia. Brincar de ser empresário custa caro. É um risco que ninguém em sã consciência deveria correr desnecessariamente.

Igualmente, em sã consciência é preciso tomar conhecimento de que o mercado é um cenário de guerra. Todas as empresas do mundo que fazem parte dele estão lutando numa batalha mortal pelo mesmo objetivo que é sempre o cliente. Para conquistá-lo, não existe outro método que não seja entrar na guerrilha com uma tática para vencer. Contudo, por garantia, entre para vencer.

Dito isto, espera-se que o leitor não se sinta desestimulado a empreender. Ao contrário, se ele sabe o quer, conhece as armas que tem e acredita que é capaz de vencer, deve se sentir ainda mais confiante, convicto de que dificilmenteirá perder. Decerto, não é recomendado estimular a ingenuidade. Ela pode levar qualquer um à derrocada. Mas, a sagacidade está nos detalhes – o que não faltarão no decorrer das próximas páginas.

Portanto, com ou sem meta, sem ou com dinheiro para investir e experiência profissional, não ignore o perigo iminente que há na arte de empreender. Contudo, esteja consciente de que na vida e nos negócios, a batalha é sempre inevitável. Vencer ou perder é apenas uma consequência.

SUMÁRIO

PARTE I: FOCO E AÇÃO 9
INTRODUÇÃO 11
   Foco e Ação 15
   Apenas Conhecimento não é o suficiente 19
   Direcione o esforço 25
   Mais do que um livro 29
   Crie uma Marca ao invés de uma Empresa 31
PARTE II: SEGMENTO 35
   Encontre um Segmento 37
      Qualidade 39
      Preço 43
      Promoção 48
PARTE III: MERCADO-ALVO 51
   Escolha o Alvo 53
   Mire no Alvo 55
   Acerte o Alvo 57
   Ataque de Flanco 59
PARTE IV: POSICIONAMENTO 67
   Essência e Fixação 69
   Identificação e Diferenciação 73
      Nome 76
      Slogan 79
      Público-Alvo 81

O que a Marca faz?..83
Por que faz?..85
É a primeira em que?..87
É diferente em que?..89
Representa o quê?..91

PARTE I

FOCO E AÇÃO

INTRODUÇÃO

Fundar uma empresa bem-sucedida, criar uma marca de sucesso, conquistar uma fatia do mercado e expandir geograficamente o tanto quanto for possível. Esta é a meta de todo empreendedor que está iniciando um negócio, mesmo que cheio de limitações como pouco dinheiro para investir e falta de experiência profissional no segmento de mercado escolhido.

Montar a estruturada empresa é dentre todas essas etapas, a mais fácil de concluir. Com um pouco de dinheiro, em um curto período de tempo ela poderá está em pleno funcionamento. Já com relação às etapas seguintes, pode-se dizer que, embora seja um desafio que obrigatoriamente precisa ser superado, não se trata de algo tão fácil assim. Na verdade, os passos seguintes constituem um privilégio conquistado por uma pequena minoria quem não depende necessariamente do quanto o empreendedor tem para investir num negócio, seja ele qual for.

Tornar a empresa bem-sucedida é uma tarefa árdua, difícil de ser cumprida porque requer a conquista de outros requisitos ainda mais complexos comouma marca de sucesso para representar seus produtos ou serviços e uma fatia do mercado de uma determinada região geográfica. Os desafios estão presentes tanto em cada uma dessas etapas em separadas como em conjunto.

Criar uma marca de sucesso, por exemplo, envolve tantos fatores que na maioria das vezes, torna esta meta quase nunca alcançada. É um processo tão intenso que o mesmo fator que excita é também o que desestimula: a garantia de que o sucesso não será conquistado apenas com dinheiro. Por conseguinte, vem o desafio de conquistar uma fatia do mercado que será tomado dos concorrentes, restando, portanto, somente a necessidade de expandir geograficamente o tanto quanto for possível.

Empreender é uma missão difícil de concluir. É entrarnum cenário composto de árduas guerrilhas sem saber o quanto é capaz de resistir. Mas, é também um privilégio que nem todos têm. Alguns por falta de vontade, outros porque não têm vocação.

O desejo de empreender não é algo implantado na mente de alguém. Ele pode até ser estimulado. Mas é algo que as pessoas já nascem com ele. É umaaspiração que muitas vezes se manifesta ainda na infância de alguém e segue no seu coração por toda a vida.

Empreender é algo tão nobre, tão único que aqueles que saem do nada e conseguem construir uma marca de sucesso se tornam boas referências para toda a humanidade. Steve Jobs, Bill Gates, Soichiro Honda, Jeff Bezos, Jack Ma, Phil Knight, Samuel Klein, Jorge Paulo Lemann, Warren Buffet, Eloi D'Ávila, Ray Croc, AbilioDiniz, Luciano Hong e mais centenas de nomes que seriam dignos de entrar nesta lista inspiram pessoas a acreditar e jamais desistir da decisão de empreender. Por favor, não confunda a história empreendedora desses homens com a sua personalidade. Simpatia não é a maior qualidade de nenhum deles.

Construir uma marca sólida e lucrativa é uma meta estabelecidapor milhares de pessoas em todo o mundo. No Brasil, pelo menos um a cada três brasileiros quer ser um empreendedor. Se você é um desses e está carregando essaideia na sua bagagem, sinta-se um privilegiado por isso. Porque empreender é um dom que poucos têm. É um privilégio que nem todos ousam ter.

Um homem sem um sonho é apenas um homem. Sua expectativa de evolução e de realização é inexistente. Ele pouco pode contribuir para o desenvolvimento de sua comunidade. Nunca tem nada de bom para oferecer, apenas a sua força braçal em troca do sustento da família. Um homem sem um sonho não vive. Vegeta. Porque ele não tem no que acreditar, não tem algo pelo qual possa lutar, ele não tem uma meta para cumprir. Sobreviver dia a após dia com o mínimo possível para ele já é o suficiente.

Ter um sonho não é tudo. É apenas o começo de uma longa e árdua jornada. Aqueles que já se realizaram sabem o quanto é difícil sair da fantasia e entrar na realidade, deixar a zona de conforto pela zona de guerra diária. Não se esquecem das decisões arriscadas que tiveram que tomar durante toda a jornada. Lembram bem dos inúmeros sacrifícios que tiveram que fazer para vencer a caminhada. Eles têm consciência de que em nenhum momento foi fácil ainda que aparentasse ser.

Pergunte para qualquer um deles se valeu apena tentar. Procure saber de qualquer um deles se valeu apena se arriscar tanto? Questione não apenas para os que obtiveram sucesso, mas também para aqueles que deram de cara com o fracasso. Felizmente, a história é contada pelos campeões. Quando você entrar nesse seleto grupo entenderá por que.

Não há garantias de que você irá conseguir e de que haverá retorno do tempo e do dinheiro que é preciso investir. Não há garantias de compensação pela sua dedicação, qualificação e ousadia. Na verdade, não há garantias. Nunca há. Mas sempre vale apena tentar.

O sonho de empreender, por mais nobre que ele seja, é apenas um começo. Contudo, é o melhor começo que alguém pode ter.

Foco e Ação

Empreender é um desejo dividido por mais de um terço dos brasileiros. Independentemente se a economia do país está indo bem ou não, esse número não para de crescer.

Todavia, embora esse desejo faça parte da vida de milhões de brasileiros, ao contrário do que acontece em país como os Estados Unidos, China, Alemanha e Japão, no Brasil não há um histórico frequente de marcas globais ao invés de nacionais. Na verdade, salvo algumas estatais, bancos privados e cervejarias, a economia brasileira é marcada muito mais pela mortalidade de empresas já nos primeiros anos de atividade do que pela ascensão de pequenas empresas que ganharam o mercado e se tornam populares no cenário nacional.

É amplamente perceptível a predominância de marcas globais em todos os setores da economia brasileira. Não importa se é telefonia, automobilístico, medicamentos, informática ou alimentação. Todos eles, sem exceção, são completamente representados por empresas estrangeiras. É como se o Brasil fosse apenas um pólo consumidor – o que não deixa de ser em sua atual condição.

Alguns países ricos como os Estados Unidos sabem da força e importância do marketing para a criação de marcas de sucesso tanto no comércio americano como global. Basta olhar a vasta bibliografia de autores com nacionalidade americana que atuam no marketing projetando para o mundo empresas como Walmart, Exxom Mobil, General Motors, Hewlett-Packard, Procter & Gamble, Nike, IBM, Coca-Cola, McDonald's, Apple, Intel, Microsoft, Google, Amazon, Facebook, Visa, entre outras centenas de marcas mundialmente conhecidas por bilhões de consumidores.

Ainda na segunda metade da década de 1970, os americanos descobriram por meio do marketing estratégico, a importância de definir o Foco da empresa-marca e o Posicionamento do produto-serviço como diferenciais na criação e projeção de uma marca, independentemente do setor da economia, segmento de mercado e categoria de produto no qual atuará. Ideias que ainda estavam no papel recebiam um nome de peso, eram posicionadas numa categoria de produto e assim assumiam a liderança, primeiro no mercado americano e posteriormente na esfera global. Cinco décadas passadas, dirigindo o comboio de empresas numa contramão bastante movimentada, assim permanece a cultura comercial do Brasil.

Infelizmente, para a maioria dos empreendedores brasileiros, sobretudo, os donos de pequenas empresas ou produtos desconhecidos, o marketing nunca é uma prioridade. Tudo é prioridade no orçamento da empresa, menos o marketing que é visto como sendo um desperdício de dinheiro. Este pensamento é uma praga cultural oriunda do empreendedorismo tradicional, que morreu no restante do mundo, mas que ainda insiste em prevalecer encravada na mente dos empreendedores.

Como a cultura comercial de um país tão distante pode ser mais influente do que a cultura local? A resposta está no consumo, começando pelos programas de televisão. A televisão brasileira está encharcada de marcas globais presentes nos comerciais, programas estrangeiros em toda a grade de programação e produtos importados espalhados por todo o comércio. Não há um só lugar que já não tenha sido ocupado por algo que veio de outro país.

Talvez, sob um olhar míope, dotado de preconceito e desconfiança sobre essas afirmações, você esteja tentando enxergar algo que realmente justifique essas afirmações com relação à passividade tanto das marcas nacionais como dos empresários brasileiros diante das forças estrangeiras. Se quiser mesmo saber a verdade, há de fato milhares de justificativas cabíveis para pessoas empreendedoras ou não. Olhar essa questão com mais seriedade é o mínimo que deveria ter sido feito há décadas. Porque os prejuízos para a economia brasileira já são gritantes e serão ainda maiores nas próximas décadas.

Pegue uma lista dos 500 homens mais ricos do mundo e veja quantos brasileiros existem nela. Em seguida, estude o perfil empreendedor dos poucos nomes que aparecerem. Você se surpreenderá com o resultado. Na verdade, você se revoltará. Repita esse processo com a lista das 500 maiores empresas do mundo. Faça o mesmo com o perfil das poucas empresas que aparecerem nesta lista. Novamente, aí é que a sua indignação aumentará em virtude de uma série de razões explícitas nestas listas.

Se o empreendedor brasileiro não mudar a sua visão sobre a importância das marcas, ele não terá mais espaço nem sequer para montar a sua "bodega" nos bairros pobres da periferia. O mercado mudou radicalmente nos últimos anos e mudará profundamente nas próximas décadas. Ignorar essa realidade não ajudará em absolutamente nada. E, quem não se adaptar estará completamente eliminado do jogo.

Foram-se os tempos dos amadores. Na era global, o seu principal concorrente não é mais o comerciante que tem uma vendinha ao lado da sua. O seu principal concorrente pode está no Japão, na China ou nos Estados Unidos. Ou você aprende a jogar como eles jogam ou não terá a menor chance de vencer o duelo. Eles apostam tudo no conceito de marcas de sucesso global. E você, aposta no que?Que o melhor produto vencerá ou na fabulosa crença do bom atendimento?

Se bom atendimento vencesse a batalha pela mente do cliente em perspectiva, nenhuma empresa que atendia bem teria falido. Nesse jogo, só há um vencedor. E, infelizmente, ele não é o atendimento. Na verdade, você precisa entender que o atendimento não vence a batalha, o produto não vence a batalha, a qualidade não vence a batalha, o preço não vence a batalha. Só as marcas vencem. Porque "o marketing não é uma batalha de produtos, é uma batalha de concepção".

Portanto, se você não quer fazer parte da geração de empreendedores fadada ao fracasso, mude a sua concepção de que o melhor produto ou bom atendimento vencerá. Entendimento errado. Só as marcas vencem.

Apenas Conhecimento não é o suficiente

Nenhuma riqueza é maior do que o conhecimento. Mas, o maior desafio do homem é transformar o seu conhecimento em riqueza.

O conhecimento tem o poder de fazer um homem pobre ganhar dinheiro e o rico perder. Tem, mas não é o que geralmente acontece por um simples motivo: os ricos sabiamente consideram a educação de qualidade como o maior legado que eles podem deixar para os filhos. Pensando bem, de fato é. Eles investem fortunas na educação dos filhos e ficam orgulhosos ao vê-los os superarem em tudo.

Essa superação significa a continuação do legado construindo geração após geração. Denota não apenas a perpetuação da classe dominante composta pelos abastados, mas, sobretudo, a evolução suprema da casta.

É comum encontrar na casa de um operário que ganha em média 1,5 salário mínimo, uma TV LCD de 32 polegadas, um videogame moderno e um notebook no quarto do filho. Também é bastante comum esse mesmo jovem ter um smartphone de última geração conectado na internet 24 horas por dia, TV por assinatura e serviço de Streaming como Netflix. Ele estuda numa escola pública, dedicando-se no máximo cerca de quatro horas por dia aos estudos, não contando as faltas correspondentes às aulas nas quais "o professor é chato".

Esse jovem ler no máximo dois livros ao ano quando pega emprestados na biblioteca da escola visto que em casa ele não tem nenhum livro, quanto mais uma coleção – como de fato deveria ter. Mas ele é um garoto de sorte porque já ganhou TV, videogame, notebook e até smartphone. Só nunca ganhou um livro, para o azar dele. Porque enquanto ele joga videogame ou acessa as redes sociais durante horas todos os dias do ano, os filhos dos ricos estudam incessantemente. Você deve está se perguntando:

- O que um livro pode fazer na vida de uma pessoa?

Depende do livro. Depende da pessoa. Depende da intenção do leitor. Um livro tanto pode tornar uma pessoa mais sábia como mais tola. Pode orientá-la ou confundi-la. Pode ser um guia para o sucesso ou para o fracasso pessoal, social e profissional na vida de alguém. Tudo depende do livro, do leitor e da intenção com que se ler um livro. As pessoas que lêem muito, principalmente, os melhores livros, geralmente têm uma percepção mais clara da realidade. O sujeito que concorda com tudo que escuta, ou ele não quer discussão ou ele não sabe de nada.

Dizem que o conhecimento transforma a vida das pessoas. Na verdade, ele amplia a visão das pessoas. Com o conhecimento, onde um indivíduo enxergava apenas impertinência ele passa a enxergar oportunidades. As dificuldades rapidamente são substituídas por facilidades. É essa visão ampla sobre a realidade que diferencia um empreendedor de grande sucesso de um empreendedor de muitos fracassos.

O conhecimento está em todo o lugar e não apenas nos livros como a maioria das pessoas costuma acreditar. Está nos relacionamentos, na organização social, nos direitos e deveres do cidadão, na atividade comercial, no lazer, no entretenimento, no trabalho. Para onde você olhar, tem sempre uma maneira de aprender algo. Não importa o que você fizer ou deixar, isso sempre gera aprendizagem

Desse ponto de vista, dada tamanha acessibilidade às fontes de conhecimento, parece fácil então adquirir a maior riqueza que um homem pode ter. Enganam-se completamente quem pensa assim. Porque o que prevalece não é o quanto você tem de conhecimento acumulado, e sim, a sua capacidade de convertê-lo em patrimônio.

Nos seus tempos de estudantes, quantas vezes você teve que estudar horas e horas para conhecer todo o sistema solar, a litosfera, a História da Grécia e do Egito, resolver 10 questões com a Fórmula de Bhaskara, sem falar nos exercícios de Física e Química? Para que tudo aquilo serviu? Você já usou esse conhecimento alguma vez no seu cotidiano? Quanto você já ganhou em dinheiro por intermédio desse conhecimento adquirido sob imenso esforço? Acredita que ele ainda poderá ser útil algum dia em sua vida?

Milhares de pessoas têm um conhecimento didático tão abrangente que conseguem falar sobre a maioria dos assuntos relacionados à História, Sociologia, Antropologia e Geografia, mas que nunca conseguiram aplicá-lo no seu cotidiano profissional. Ter Conhecimento não é o suficiente. E não serve qualquer Conhecimento.

"Casa de ferreiro, espeto de pau." Quantas vezes você não já ouviu esse ditado? Muito provavelmente, já ouviu isso na casa do pedreiro porque o reboco da casa não estava bom, ouviu na casa do encanador porque havia um vazamento numa das torneiras, ouviu na casa do eletricista porque uma das lâmpadas não estava acendendo e, a lista continua. Mas, e daí?

Certas ou erradas, as coisas funcionam assim. Bom ou ruim, o imóvel que o pedreiro mora foi comprado com o dinheiro que ele ganhou trabalhando na construção da casa de alguém. Bom ou ruim, o imóvel que o eletricista mora foi comprado com o dinheiro que ele ganhou trabalhando nasinstalações elétricas da casa de alguém. Bom ou ruim, o imóvel que o eletricista mora foi comprado com o dinheiro que ele ganhou trabalhando nas instalações elétricas da casa de alguém. Isso não significa que esses profissionais não devem fazer a manutenção em casa. É melhor ele fazer antes que a esposa chame o vizinho.

A grande questão a ser discutida aqui se trata da necessidade de ganhar dinheiro fazendo aquilo sabe. Só que o único meio de ganhar dinheiro fazendo algo é na forma de prestação de serviço, fabricando ou vendendo produtos. E quando o foco deixa de ser servir alguém para servir-se, deixa de existir a ação de ganhar dinheiro.

Algumas pessoas ficaram bilionárias vendendo hambúrgueres enquanto outras ficaram gordas comendo-os algumas vezes por semana. Algumas pessoas ficaram bilionárias emprestando dinheiro enquanto outras faliram pegando emprestado. Algumas pessoas ficaram ricas vendendo carros enquanto outras ficaram endividadas.

Tudo depende de como você está usando o seu conhecimento. Existem advogados milionários que ser formaram na mesma turma que um dos seus empregados. Por que um profissional se tornou tão rico enquanto o outro permaneceu pobre?

Existem profissionais que são referências em mecânica automotiva com no máximo a primeira série concluída e que por isso apresentam dificuldades para acessar aos menus do seu smartphone. Muitos deles, não sabem nem se quer ligar um computador. Contudo, ganham muito mais dinheiro do que os jovens que sabem tudo de smartphones e computadores de última geração. Há milhares de pedreiros que nunca nem sequer ouviram falar da Fórmula de Bhaskara. Contudo, sabem fazer o orçamento da construção de uma casa.

Enquanto algumas pessoas ganham pouco mais de um salário mínimo cozinhando, outras ganham cerca de um milhão por mês vendendo o que elas cozinham. A recompensa está na venda e não na capacidade de cozinhar. No mesmo negócio onde uma pessoa ganha mil, existe outra que ganha um milhão. Tudo depende apenas de que lado você está: empregado ou patrão?

Já que estamos falando disso, sendo bem realista e livre de preconceito com os membros mais baixos da hierarquia profissional, sou obrigado a dizer: não importa quão bom empregado um profissional seja. Ele só merece o que recebe e só pode esperar no máximo uma promoção. O lucro e a prosperidade financeira serão sempre do patrão ou da empresa, como queira entender.

O sucesso de um homem não está nos diplomas de bacharelado, no curso de mestrado ou de doutorado. Há doutores vivendo na pobreza enquanto semianalfabetos constrói grandes fortunas. Igualmente, nas empresas geralmente o dono não é o mais qualificado, e sim, o seu empregado de confiança. Porém, isso não significa que o conhecimento não seja importante. Ele é vital em qualquer atividade que um profissional deseja exercer ou mercado em que um empresário almeja atuar. Dada tamanha importância, qual seria de fato, a origem da riqueza dos semianalfabetos então?

Um homem que aprende aritmética e conseguevender bem qualquer produto, ele sabe como ficar rico. E ele só não fica rico quando não vira patrão. A recompensa de um empregado é sempre um salário e no máximo, uma promoção. Portanto, ter Conhecimento não é o suficiente.

Direcione o esforço

A primeira coisa a fazer quando se pretende chegar a um lugar é descobrir o caminho. Não importa se a rota descoberta é a mais próxima ou não, se é a mais segura ou não, se dará realmente acesso ao local ou não. Independentemente de quaisquer circunstâncias, para chegar ao destino desejado, é preciso encontrar uma rota, um caminho que leve até ele.

As metas profissionais de uma pessoa são assim – ou pelo menos deveriam ser. Chegar aos 18 anos sem saber qual é a profissão que gostaria de exercer já é um alerta sobre um risco que ninguém deveria correr desnecessariamente. As chances de sucesso são bem maiores para quem já sabe o que quer desde cedo. Mas isso não significa que exista uma idade limite para se fazer essa descoberta, porque não há de fato. Ninguém está velho o suficiente que não queira viver mais pelo menos um ano de vida. Visto que a meta é não morrer tão logo, então que seja usufruindo da melhor forma possível dos recursos conquistados e não na miséria absoluta só porque acreditou que a sua vida iria acabar no ano seguinte - só que felizmente, ela não acabou.

Na vida e nos negócios, duas regras são imutáveis e inevitáveis. A primeira, é que "enquanto não descobrirmos quem somos, nunca seremos alguém". A segunda e não menos importante está embasada no fato de que "enquantonão descobrirmos aonde queremos chegar, não chegaremos a lugar algum". Quando não se sabe o que quer, qualquer coisa serve. Igualmente, quando não se sabe aonde quer chegar, em qualquer lugarestá bom.

Mas a vida sempre exige muito mais do que isso. Ela não se contenta com qualquer coisa, em estar num lugar qualquer, se servir, ter e ser o mínimo possível que puder. Ela sempre irá exigir o máximo de nós. E se formos capazes de suprir essa sensação de necessidade, toda a nossa vida será uma simples frustração infindável.

Assim sendo, se você ainda não sabe, descubra com urgência "quem é você". Se não está onde gostaria, então descubra logo aonde quer chegar. Não menos importante, tenha sempre em mente como e quando alcançar esses objetivos. Para tanto, nunca se esqueça de adquirir o conhecimento necessário.

Se depender de informações para alcançar as suas metas, busque-as. Mas concentre os seus esforços no ponto vital do que você almeja. Se necessitar de conhecimentos técnicos, não desperdice o seu tempo lendo livros de romances. O mundo é hostil o tempo todo. Então, prepare-se para viver essa realidade e não uma fantasia.

Está pensando em empreender ou já está empreendendo, arrume um tempo para ler livros de marketing, gestão financeira e recursos humanos. Tente fazer um curso técnico ou superior específico, leia revistas e artigos relacionados à sua área de atuação. Isso contribuirá com o seu crescimento profissional e aumentará significativamente as suas chances de obter sucesso como empreendedor.

Se tiver filhos, faça o mesmo com eles. Pare de querer agradá-los, tentar ser um bom pai à custa de presentes caros e inúteis. Invista na educação deles, dê livros ao invés de videogames, pague cursos ao invés de TV por assinatura e serviço de streaming. No início, eles ficarão tristes. Mas, depois compreenderão que tudo isso é para o bem deles. É melhor ser um pai exigente para tornar os filhos bem-sucedidos do que ser um pai coruja para criar filhos fracassados – pessoal e profissionalmente.

É sabido que esses conselhos paternalistas quase nunca são bem aceitos. Ainda bem que não são. Porque se fossem, haveria mais pessoas sábias no mundo e a taxa dos milionários aumentaria enquanto diminuiria o número de indigentes. Visto que os pais são os heróis dos filhos, em quem eles se inspirarão? Não é culpa dos pais criarem filhos fracassados assim como também não é mérito deles.

Mas este não é um manual sobre educação familiar. E sim, sobre negócios bem-sucedidos, tendo as marcas como precursoras desse processo. Feito esta ressalva, voltemos ao que realmente interessa.

Direcionar os esforços para uma única direção deve ser uma prioridade adotada por quem já empreende ou pretende empreender. Esperar até o último minuto para começar a se preparar pode não ser a melhor opção. Alguns empreendedores costumam desviar o foco. Muitas vezes, com coisas banais. O pior é que o mercado sempre cobra um preço alto por cada negligência.

É comum encontrar pequenos empresários que tem dinheiro para a TV por assinatura, quatro planos telefônicos, serviços de streaming, barco de pesca, rodízio gastronômico semanal em família ou amigos, até quatro viagens ao ano, fora dezenas de outros mimos. Porém, "eles" nunca têm verba disponível para panfletagem, anúncios em jornal impresso, revistas, rádio, televisão, internet, indoor e outdoor. Pelo menos um ou dois desses já o salvaria de tamanho amadorismo.

A empresa pode até ser dele. Mas o dinheiro é. Desviar recursos para atividades pessoais e não investir praticamente nada na companhia geralmente resulta em atrofia ou morte prematura. As maiores empresas do mundo investem fortunas em propaganda e marketing não porque elas não gostam de dinheiro. E sim, porque elas sabem como chegaram ao topo e o que devem fazer para permanecerem lá.

Se ainda não empreende, faça um plano de negócios para obter as informações que precisa, principalmente, com relação ao investimento inicial previsto. Se já empreende, crie um cronograma de crescimento e expansão para os próximos dez anos.Invista em propaganda e marketing, guarde uma reserva dos lucros para os "tempos difíceis" e priorize a empresa em qualquer circunstância. Direcione o esforço para o que realmente dar retorno para a companhia.

Mais do que um livro

Há livros que se tornaram verdadeiros guias para profissionais bem-sucedidos. Mas, infelizmente, são raros os guias conduzem ao sucesso.

Casos de sucesso e de fracasso são frequentes na vida de um leitor assíduo que costuma testar as receitas prontas que são vendidas facilmente hoje em dia. O perigo está no fato de que um guia bom ou ruim já é o bastante. É tudo oque um leitor precisa para se orientar até perceber que acabou de se perder em algum lugar do percurso.

A verdade é que a maioria dos livros não tem nenhuma mensagem relevante do começo ao fim. Podem até ter uma pegada filosófica com muitas expressões inspiradas, do tipo que você ler e pensa o quão bom seria se aquilo fosse verdade. Fora isso,não há mais nada que sirva para acrescentar.

Felizmente, sua busca continuará pelo guia certo para a finalidade certa. É bem provável que enquanto você não encontra o que realmente procura, descobrirá coisas de grande utilidade para a sua vida profissional, uma vez que novos conhecimentos estimulam novas ideias ou ampliam o seu campo de visão.

Ao comprar um livro, todo leitor espera que encontre algo que justifique pelo menos o investimento que fez. Por mais irrelevante que seja eles geralmente valem o preço que é cobrado.

Este livro, muito provavelmente não será o seu novo guia de branding. Embora tenha sido escrito numa linguagem simples e direta, definindo com perícia e perspicácia as causas que fazem com que algumas marcas cresçam muito vertiginosamente enquanto a grande maioria das concorrentes definhae morre miseravelmente, isso não significa que ele seja confiável. Visto que tenho ressaltado sobre a fábula das receitas prontas, dos guias definitivos, por que este seria?

Nas próximas páginas, você encontrará um cronograma para criar uma marca sólida e de alto valor de mercado. Inspirado nas pesquisas e nas experiências profissional dos maiores marqueteiros do mundo e embasado nas estratégias de branding de marcas globais como Nike, Gillette, Starbucks, Cola-Cola, McDonald's,Intel, Apple entre outras, o cronograma proposto em capítulos tem o poder absoluto de transformar rapidamente uma pequena ideia numa marca nacional.

Você não comprou uma receita para o sucesso. Porque ela não existe. Mas existem métodos comprovados que podem ser executados com êxito – desde que você tenha disciplina e dinheiro.

Crie uma Marca ao invés de uma Empresa

Por que alguém haveria de criar uma marca ao invés de uma empresa? Porque as empresas morrem facilmente. Já as marcas dificilmente morrem. Esta é a principal diferença entre elas. Entretanto, há série de benefícios a favor da marca que merecem ser destacados pela relevância que exercem nos processos de venda e de consumo dos produtos.

Literalmente falando, as pessoas consomem a marca ao invés do produto. Torna-se fácil de perceber e de explicar esse processo ao notarmos que na mente do cliente em perspectiva "Detergente é Ypê" e que "Esponja de aço é Bombril". Limpol é o que? É uma imitação do verdadeiro detergente. Assolan é esponja de aço? Não na mente do cliente.

Cada marca deve representar um conceito exclusivo na mente do cliente em perspectiva. Contudo, a maioria não alcança tamanha proeza. Não é algo fácil por maior que seja o esforço. Nem toda ideia é aceita facilmente. E quando isso ocorre, dinheiro e criatividade não são suficientes.

Porém, mesmo não conseguindo representar uma ideia ou conceito exclusivo na mente do cliente em perspectiva, a necessidade de ter uma marca estampada em cada produto permanece inalterada. Embora toda dona de casa saiba que "Detergente é Ypê" e "Esponja de aço é Bombril", elas também sabem que Assolan representa uma esponja de aço que imita a "Bombril" e que Limpol é uma marca de detergente que imita a Ypê. A batalha é travada entre as marcas até que uma delas vence para assumir a liderança da categoria.

As empresas fabricam e vendem produtos ou prestam serviços. As marcas vendem apenas os benefícios que os produtos ou serviços podem propor ao consumidor. O consumidor por sua vez, sabe o quão nocivo à saúde são alguns produtos e o quanto custa caro alguns serviços. Mas, as marcas sempre os convencem do contrário ao expor os benefícios.

Os benefícios compensam os riscos. É o que o cliente em perspectiva conclui depois de assistir centenas de vezes uma série de comerciais de um determinado produto. Mesmo sob advertência de que há efeitos colaterais ao ser consumidos, o benefício ainda continua infinitamente maior do que o malefício – pelo menos na concepção do consumidor. É o que acontece com os consumidores de bebidas alcoólicas.

Os efeitos do álcool não são massivamente mencionados na propaganda ou veiculados rotineiramente pela televisão por meio de documentários ou de grandes reportagens. As emissoras não podem fazer isso porque prejudicaria o desempenho das marcas de bebidas alcoólicas que gastam fortunas com anúncios. Além disso, quem estaria realmente interessado em saber? "Nem todo mundo que bebe é alcoólatra". Esta a justificativa que o telespectador dar para ele mesmo antes de sair de casa para ir "tomar uma cervejinha" com os amigos.

Todo mês tem um artigo científico em alguma revista importante abordando os malefícios ou efeitos colaterais de algum tipo de alimento. Se você for mesmo parar de consumir tudo o que supostamente causa dano à sua saúde segundo essas publicações, muito provavelmente, morrerá de inanição com o passar dos anos. Não sendo esta a sua intenção nem de quase ninguém que habita o planeta terra, só resta consumir os alimentos que causam danos nocivos à saúde ou não.

Talvez, você queira estender desnecessariamente esse assunto mais um pouco argumentando que há alimentos saudáveis capazes de suprir as calorias que um indivíduo deve ingerir diariamente. Sim, você está certo. Todavia, este livro não é um guia sobre alimentação saudável, e sim, sobre negócios. Embora seja necessário reconhecer que a alimentação saudável também é um excelente segmento de negócio, deve-se ser justo igualmente para com as hamburgueria, churrascaria, pizzaria, sorveteria, confeitaria e dezenas de outras 'rias' da vida presentes no cotidiano do consumidor.

Se hambúrguer, batata frita e refrigerante fazem mal à saúde, em compensação, fazem um bem danado para os negócios. Empresas multinacionais faturam bilhões de dólares todo ano vendendo esse cardápio. Representando essas empresas, estão Marcas globais que faturam mais do que Planos de Saúde. Os 'benefícios' compensam os riscos.

As marcas exercem uma função vital para o sucesso de uma empresa, produto ou serviço. A empresa só é bem-sucedida quando lucra alto por meio da venda de seus produtos. Os produtos só se tornam um sucesso de vendas quando a marca 'vira a queridinha' dos clientes em perspectiva que é o mesmo processo que ocorre com as prestadoras de serviços.

Pouco importa o porte da empresa, o setor e o segmento de atuação, o mercado-alvo e o posicionamento do produto na respectiva categoria. Uma empresa dificilmente alcançará a liderança de um mercado sem adotar uma marca – este é o único meio de representar uma grande ideia ou conceito relevante na mente do cliente em perspectiva.

A justificativa de que tem um bom produto não serve para o mercado. Ele nunca venceu a batalha pela mente do consumidor. Só as marcas venceram. Por que o seu haveria de vencer agora?

Talvez o que tenha passado despercebido seja exatamente o mais relevante de todo esse processo: onde estão os benefícios e os malefícios. Os malefícios estão no produto. Na marca estão apenas os benefícios. Isso é o que realmente faz toda a diferença na hora de vender.

Você não é obrigado a seguir nenhuma das recomendações deste livro. Mas, ficará comprovado no decorrer das próximas páginas que é mais sensato criar uma marca ao invés de uma empresa. Até mesmo porque as empresas morrem facilmente enquanto que as marcas, dificilmente morrem.

PARTE II
SEGMENTO

Encontre um Segmento

Na era da segmentação, ser tudo para todos significa ser absolutamente nada o tempo todo. Significar algo na mente do cliente em perspectiva é a única razão existente para quea marca esteja viva no mercado e a empresa de portas abertas produzindo e comercializando, faturando cada vez mais. Por isso, a primeira coisa a fazer de agora em diante é determinar o um segmento de mercado e fixaruma marca na mente do cliente em perspectiva.

Entretanto, antes disso é importante você saber por que ninguém deve tentar ser tudo para todos. A verdade é que não importa o quão bom você seja em gestão de negócios e o quanto de dinheiro tenha para iniciar o seu empreendimento. A sua marca jamais irá vencer a guerra contra os grandes concorrentes usando as mesmas táticas de antigamente. Eles já conhecem todas as estratégias que você possa usar, sabem como se defender e tem um exército numericamente muito maior do que o seu. Não é sensato um homem por mais forte que seja desafiar um oponente com o mesmo porte físico, mas que tem dez ajudantes para lutar ao lado dele. Onze contra fica difícil de ganhar. Esta é o tipo de batalha na qual você irá lutar.

Você pode até ter milhões de reais para fazer o investimento inicial. Mas você não tem um nome tão forte e com tamanha credibilidade como Casas Bahia, Magazine Luiza, Pão de Açúcar, Riachuelo ou Havan para colocar na fachada da loja. E se você não tem um nome desses que já está instalado na mente do cliente em perspectiva, significa que ainda não tem o principal elemento responsável pelo sucesso de uma grande empresa.

Essa regra também se aplica ao e-commerce e outras atividades comerciais focadas em serviços de entregas ou transporte de passageiros. Uber e ifood são nomes tão fortes que são capazes de engolir e digerir milhões de reais investidos por qualquer concorrente que se atreva a bater de frente com eles. Como se não bastasse, existemas marcas número 2 para cada uma dessas categorias: Uber *versus* 99, ifood *versus* Uber Eats que muito provavelmente nunca permitirão que a sua marca seja pelo menos a número 2 numa escada de vários degraus. Então, o que fazer?

A lógica sugere que é você precisa encontrar um segmento de mercado suficientemente pequeno para ser defendido. Que tal fazer a partir de agora? Lembre-se da regra de ser tudo para todos. Concentre os esforços no que realmente levará a sua marca ao sucesso absoluto.

Para tanto, será necessário estabelecer o modelo de negócio, estreitar o foco o máximo possível e posicionar a marca na categoria escolhida. Não menos importante, entender o que é qualidade, preço e promoção e criar a estratégia de marketing que será usada.

Antes de escolher o segmento de mercado no qual a sua empresa-marca irá atuar, vamos analisar alguns conceitos relacionados à Qualidade, Preço e Promoção que são de grande importância nesse processo.

Qualidade

A qualidade é muito importante para confirmar aquilo que o produto de fato é. Mas ela nunca vence a batalha pela mente do consumidor. Só as marcas vencem.

As razões para que a qualidade nunca vencer está relacionada ao fato de que ela nada mais é do que um conceito. A veracidade dos conceitos, por sua vez, é oriunda de julgamentos que dependem necessariamente da opinião de alguém que confirma ou não a veracidade do anunciado.

Num Mercado Minado e dominado por marcas e conceitos incontestáveis, a qualidade é sempre um subproduto da percepção. O que de fato é não parece ser e o que parece ser geralmente não é. Isso sugere que seja paradoxo demais para funcionar bem, para dar certo. Mas, as marcas e os produtos são o que aparentam em virtude de tamanhas contradições. Nesse jogo, as coisas são o que parecem ser. O que não podem parecer não são. Esta é a percepção que todos têm da realidade e é isto o que realmente prevalece nas relações comerciais.

A percepção nada mais é do que uma realidade manipulada pelo marketing. Assim, pouco importa o preço e a qualidade do produto ou do serviço. O que conta e prevalece são os benefícios vinculados e anunciados por meio do valor da marca.

Independentemente das características do produto, a qualidade nada mais é do que um conceito criado na mente do cliente em perspectiva. Se esse conceito for o de alta qualidade só terá fundamento e credibilidade quando ele custar caro como iPhone X Apple com 256GB, tela retina HD de 5,8", IOS 11, dupla câmera traseira, resistente à água e reconhecimento fácil, prateado, vendido à R$ 6.389,00 à vista. Achou caro? Não para um produto Apple que é vista pelos clientes como a marca da qualidade suprema. Se é suprema ou não, o preço é real.

A maior utilidade que o conceito de qualidade terá será na hora de definir o seu modelo de negócio e o grupo de consumidores que será atendido. Visto que a qualidade é um conceito que está no preço, esse fator será de grande relevância na hora de determinar o poder aquisitivo do grupo de consumidores que a marca irá servir.

O produto quer de alta qualidade ou não, quer seja de preço exorbitante ou não, ele nunca vence a batalha pelo espaço no mercado. Porque o marketing é uma batalha de concepção e não de produtos. Só vence a batalha a marca que consegue ocupar um lugar de destaque na mente do cliente em perspectiva.

A dinâmica comercial relacionada à qualidade explica perfeitamente bem porque o produto vencedor na guerra de marketing é sempre um subproduto da percepção e não aquele que tem necessariamente o melhor atributo. A Por mais importante que seja nesse processo ela também acaba sendo apenas uma percepção oriunda de uma estratégia de marketing lançada para um determinado mercado-alvo.

Qualidade e preço estão intimamente ligados, mas são totalmente distintos. Unir na mesma estratégia os conceitos de preço baixo *versus* alta qualidade constitui um erro mortal que os empresários geralmente cometem sob o aval de marqueteiros descuidados ou despreparados. Esta ideia é equivocada e totalmente contraditória. No comércio, alta qualidade implica preço alto e preço baixo sugere qualidade inferior.

O empresário pode até não saber dessa regra ou simplesmente ignorá-la por acreditar que passará despercebida. Mas o seu analista de marketing conhece bem como esse jogo funciona. Para o mercado, essa atitude é um erro bastante comum conhecido pelos clientes os quais jamais ignora essa combinação equivocada.

Quando se tratando de marcas, nem sempre a qualidade corresponde ao preço alto que é cobrado por um determinado produto. Mas o consumidor compra-o mesmo assim porque nesse caso, não está interessado nem no preço nem na qualidade. O interesse dele é exclusivamente na marca. Por isso está disposto a pagar sem nunca se perguntar quanto realmente vale.

O cliente sabe que as empresas conseguem vender um produto de qualidade inferior por um preço elevado embasado no valor da marca. Mas, ele jamais acreditará que as empresas irão vender um produto de alta qualidade por um preço baixo, independentemente do valor da marca no mercado em que atua. Não faz sentido porque as empresas são criadas para gerar lucro aos empresários e que se praticarem essa ação terão prejuízos. Assim sendo, sempre que o cliente escuta um anúncio contendo a combinação de alta qualidade com preço baixo ele já sabe que a propaganda é enganosa por não fazer nenhum sentido e, portanto, não tem nenhuma credibilidade.

O preço está na etiqueta. Mas, onde está a qualidade? Nem tente responder dizendo que se encontra no material do qual o produto foi fabricado ou da forma como o serviço foi prestado. Por melhor que seja, isso é relativamente verdade. Dificilmente, alguém abre três produtos iguais de marcas diferentes e examina a qualidade do material do qual todas as peças foram fabricadas. Ele simplesmente escolhe uma das três marcas líderes de vendas porque supõe ter a melhor qualidade. "Se vende mais do que as outras marcas, então deve ser realmente a melhor", é o que os clientes pensam no ato da escolha ou compra do produto.

A qualidade está camuflada no valor de uma marca ou na liderança do mercado. Na mente do cliente, vender mais significa ser a melhor. Esta é a principal razão para que existam tantas categorias de mercado dentro do mesmo segmento. Visto que para ser a melhor é necessário ocupar a liderança da categoria, então não há outra forma se não apelar para essa estratégia de mercado.

Portanto, não entre no mercado apostando na qualidade como estratégia para vencer a concorrência. Ao invés disso, faça o mais simples que é simplesmente aumentar o valor de sua marca mesmo que seja só para revender um produto.

Preço

O produto vale quanto? Vale o que a sua empresa determinar como preço. Se ele for caro significa que é de uma marca cara ou pode cobrar barato e ser simplesmente o contrário. O que a marca cobra é muito relevante porque acaba representando o que as pessoas pensam acerca do produto eda qualidade.

Geralmente, na mente do cliente, um produto barato nunca é bom. Pois, o que é bom geralmente custa caro. E quanto mais caro, melhor – segundo a percepção do cliente. É o preço quem determina a qualidade e o valor da marca e não o contrário.

Contudo, é vital ter cautela com esses critérios. Porque não importa o preço, não importa a marca, não importa o conceito de qualidade estabelecido na mente do cliente em perspectiva. O produto tem que confirmar aquilo que foi anunciado.

Há um mercado para todas essas categorias de preços. A questão a ser levada em consideração é que o mercado é limitado. Não cabe todo mundo. Apenas alguns poucos vencerão. Os demais serão eliminados.

Igualmente, deve ser levado em consideração o segmento de mercado em que a empresa terá mais chances de obter sucesso e a faixa de preço ideal para o seu modelo de negócio quando já tendo em vista o grupo de consumidores que ela irá servir por meio de uma marca sólida e com alto valor de mercado. Cobrar o que ninguém está disposto a pagar é um erro tolo que deve ser evitado.

Se olhar apenas para o preço não encontrará as respostas que precisa. Se olhar para a qualidade, ficará cada vez mais confuso, uma vez que ela está no valor da marca e que nada mais é do que um conceito na mente do cliente em perspectiva. Se apostar tudo por meio da criação de uma marca com alto valor de mercado, seu sucesso continuará incerto. Então, onde possivelmente está a saída para este labirinto extenso e complexo?

Não há resposta pronta para essa pergunta. Se alguém ousar indicar uma, esteja certo de que pode ter servido para a dúvida dele, mas que dificilmente servirá como resposta para a sua–mesmo se tratando da mesma pergunta para o mesmo problema. No mundo dos negócios, nada é padronizado. Tudo é – ou pelo menos deveria ser – exclusivo e personalizado.

O que mais fascina no mundo empresarial é esta particularidade. Não há receita pronta para o sucesso. As ideias geniais são rapidamente fracassadas, ridicularizadas enquanto ideias tolas, aparentemente sem nenhum potencial de mercado, viram de um dia para o outro, um fenômeno de vendas, uma nova tendência antes de se tornar um sólido e bilionário segmento de mercado.

Transporte privado de passageiro era coisa de taxista profissional dirigindo um carro branco e usando roupa social até o dia em que alguém resolveu lançar uma modelo de negócio por meio de uma empresa denominada de Uber. O passageiro virou motorista e o taxista está praticamente desempregado. Mas, antes de se tornar uma empresa bilionária e estabelecer um novo segmento de mercado, quem era louco suficiente para apostar nessa ideia ridícula?

Ainda na década de 1990 quando as pontocom eram ridicularizadas pelos empresários e grandes marqueteiros que trabalhavam com marcas globais como McDonald's, Coca-Cola e IBM, dois homens loucos entraram nesse cenário e mudaram profundamente o jeito de fazer compras em todo o mundo. Em 1994, na cidade de Seatle, dentro de uma garagem sob o nome de "Cadabra" que mais tarde foi substituído por Amazon, Jeff Bezos fundou uma livraria que rapidamente se tornou uma empresa do segmento de e-commerce bilionária.

Ainda bem que sempre tem um louco que enxerga além das possibilidades. De fato, quando se enxerga além daquilo que os maiores concorrentes são capazes de avistar, não há quem segure a expansão vertiginosa e o enriquecimento repentino de uma marca. Porque ela é original. E quando se é o original, os milhares de cópias que surgem não são o bastante para derrotar o precursor de algo revolucionário.

Bom, você deve ter ficado confuso porque estávamos falando de preço. Se isso lhe aconteceu, infelizmente você nem percebeu que não mudamos de assunto. A Uber arruinou o negócio dos taxistas por meio do preço. A Amazon arruinou as livrarias por meio do preço. Se fôssemos citar aqui velhos negócios que foram arruinados por meio da estratégia de preço baixo ou alto demais, essa lista não acabaria tão facilmente. Então esqueça o preço como fator determinante, seja ele exorbitante ou não.

Todos os envolvidos na aquisição de um produto sabem da importância do preço nessa operação. Por essa razão é mais sensato todos procurarem esquecer conceitos isolados como de qualidade ou de preço e se concentrarem no que realmente interessa: a concepção do cliente em perspectiva. Qual é a reputação desse produto? As pessoas estão comprando? Por que o comprou? Quem comprou está satisfeito?

As pessoas nunca ficam decepcionadas com o produto. É com a marca. É exatamente nesse momento que entra o fator preço. Porque quando algo dá errado, elas geralmente pensam:

- Paguei tão caro por esse produto. Não sabia que essa marca era ruim assim.

Ou, simplesmente falam:

- Foi tão barato. Não tinha como ser bom.

O bom, supostamente custa caro. Nunca se esqueça disso. Mas quem paga caro, nunca quer ser decepcionado. Ele espera qualquer coisa, menos o fato de que a marca não cumpre o que promete. Mesmo nessas circunstâncias, note que o preço permaneceu sendo um mero detalhe - importante, mas continua sendo um detalhe.

Não é necessário acrescentar mais muita coisa para determinar o seu segmento de mercado. Agora você já sabe que a qualidade é apenas um conceito instalado na mente do cliente e que a função do preço é determinar o grupo de pessoas que a sua marca irá atender por meio da simples regra: elite, preço exorbitante com produtos de qualidade suprema. Classe média, preço alto com produtos de alta qualidade. Classe baixa renda, preços baixos e produtos de qualidade inferior. A migração ocorrerá naturalmente tanto para cima como para baixo.

Portanto, escolha um segmento, uma classes, um grupo de pessoas e tente servi-lo da melhor maneira possível por meio de sua empresa-marca. Comece com isso.

Promoção

Sem Promoção e Sem Desconto. Nada de fazer promoções com preços rebaixados ao limite. Em hipótese alguma, nunca faça algo desse tipo. Pratique qualquer coisa com a finalidade de vender o seu produto. Só não cometa essa loucura.

Empresas que fazem promoção só vendem se fizer promoção. Se pararem de fazer, param de vender. Mas, não há como uma empresa sobreviver por muito tempo usando essa estratégia. Para não passar por esse tipo de constrangimento, adote "a política do preço justo todos os dias". O cliente será o primeiro a agradecer por isso.

Quantas vezes nos últimos dez anos você viu na TV a famosa chamada no comercial:

- "Só até amanhã! Toda a loja com até 70% de desconto".

Aposto qualquer coisa que a primeira vez que você viu esse anúncio pensou imediatamente o que iria comprar com esse "descontaço". Talvez, aquela TV LCD que custava R$ 2.000,00, mas que agora estava sendo vendida por cerca de R$ 600,00 depois de abatido esse 'descontão' generoso. Olha que maravilha! Infelizmente, quando você chegou à loja no dia seguinte percebeu que os 70% de desconto nunca existiu nem existirá. É incrível como a lavadora de 10 quilos foi a piada sem graça mais usada nesses comerciais.

"Só até amanhã! Até 70% de desconto". Essa estratégia funcionou muito bem para algumas redes de varejo até os clientes descobrirem que não havia desconto coisa nenhuma. As duas redes de varejo que primeiro adotaram essa estratégia, o que lucraram com ela no começo, perderam com ela no final.

É óbvio que o cliente não acredita mais nos 70% de descontos generosamente oferecidos pelas lojas. E ele tem várias razões para isso. Uma delas é que se a empresa baixou o preço em até 70% significa que os produtos estavam caros demais. Mas, mais grave ainda é que "o cliente pode se sentir roubado ou lesado pela empresa" quando percebe que supostamente os preços baixaram tanto de um dia para o outro. Só que os problemas não acabaram ainda. Porque o cliente que gosta de comprar com "descontos reais" ao ver o anúncio, ele corre para a loja e fica frustrado ao perceber que o preço de ontem é o mesmo de hoje mesmo com os 70% desconto anunciado.

A verdade é que o cliente "ficou esperto", vacinado contra esse tipo de anúncio. Ele não é mais um tolo, um bobo da corte que simplesmente acredita ou aceita passivamente o que é veiculado na TV. Com uma simples busca feita por meio de um smartphone, ele consegue saber quem realmente está vendendo determinado produto mais barato. Isso é maravilhoso para o cliente, porque agora tem como provar para ele mesmo que o anúncio é falso, é mentiroso, que não há desconto nenhum. Ruim para a marca que veicula esse tipo de comercial, porque o que ela ganha hoje perderá amanhã. Pergunte para a rede de varejo Ricardo Eletro, a primeira vítima desse processo.

O vendedor está completamente equivocado ao acreditar que o cliente está desesperado para ter o produto anunciado. O que ele não sabe é que o cliente tem plena convicção de que o anúncio é falso e o vendedor é mentiroso. E tudo isso só serve para romper da pior forma possível, orelacionamento do cliente com a empresa.

A melhor estratégia de preço não é aquela que vende mais barato ou que apela constantemente para as promoções generosas. A estratégia que dar lucro e constrói uma relação duradoura com o cliente é aquela que adota "o preço justo todo dia". Existem clientes oportunistas que só compram quando alguém faz promoção e dá desconto generoso. Mas, o mercado não vive desse tipo de freguês. O mercado prospera graças aos clientes que consome constantemente sem nunca olhar para o preço dos produtos que estão identificados pelas marcas nas quais ele confia.

Para o cliente assíduo, é frustrante ver o anúncio veiculado na TV, correr para a loja e perceber que o preçode ontem é o mesmo de hoje – embora com os 70% de descontos embutidos. Para ele, a empresa deixa de existir na sua mente naquele exato momento em que pega a etiqueta e percebe que oi enganado. Agora, ele fará de tudo para que as pessoas saibam que aempresa mente para os clientes.

Portanto, não faça promoção. Faça preço justo todo dia. A sua empresa pode até não vender muito hoje, mas a venda de amanhã já está garantida se ela continuar agindo assim, independentemente das circunstâncias.

PARTE III

MERCADO-ALVO

Escolhao Alvo

A vitrine de uma sapataria é a ferramenta mais eficaz que existe no mundo para confundir um cliente em perspectiva. Geralmente, quem dá de cara com uma, mesmo já tendo decido comprar um calçado, não fica isento das incertezas que surgirão no decorrer da escolha do modelo desejado.

Ao entrar na sapataria, só temos conhecimentos reais de dois fatos. O primeiro, é que compraremos um calçado. O segundo, o tamanho dele. Só que a pior parte ainda está por vir. São dezenas de marcas, centena de modelos, diversas cores e inúmeras opções de preços. Tudo isso poderia ser muito bom se pudéssemos escolher mais de um par de calçados. Mas não podemos e teremos que sermos assertivos na escolha.

No capítulo anterior, foi abordado de forma muito abrangente a importância da escolha do segmento. Na verdade, não foi indicado um segmento específico, mas foi dado um roteiro que auxiliará de forma eficaz na escolha certa. Não seria correto indicar um determinado segmento uma vez que serão – possivelmente – milhares de leitores que usarão este livro como um auxílio para efetuar uma escolha pessoal num processo similar ao seu. Portanto, indicar um segmento específico não seria em nada proveitoso para aqueles que têm interesses diferentes.

A situação que tanto ele como você se encontram agora é a mesma de um cliente diante da vitrine de uma sapataria. São tantas opções de mercado-alvo que geramdúvidas no ato da escolha. As inúmerasopções aumentam a probabilidade de você errar o alvo certo. São dezenas de segmentos de mercado, centena de modelos de negócios, diversas empresas-marcas concorrentes e inúmeras opções de grupo de consumidores. Tudo isso poderia ser muito bom se você pudesse escolher mais de uma opção. Mas você não pode e terá de ser assertivo na sua escolha.

Sem pressa e sem medo de errar, observe atentamente todas as opções visíveis ao seu alcance e veja qual delas melhor se encaixa no seu projeto. Escolha o alvo de acordo com o que você gosta e mais sabe fazer profissionalmente. Isso será um diferencial que aumentará significativamente as suas chances de sucesso profissional em curto prazo.

É bem provável que você já sabe em qual segmento de mercado irá atuar e já deve ter escolhido o alvo no qual passará a mirar a partir de agora. Feito isso, é chagada a hora de dar o próximo passo.

Mire no Alvo

Você já tentou acertar um alvo usando uma arma de fogo? Se já usou, deve ter notado o tanto de concentração que exige do atirador na hora de mirar para acertar o alvo. Se for apenas um treino de tiro ao alvo usando um objeto imóvel, ao errar você perde apenas a munição e a oportunidade de acertar. Todavia, se for uma caçada ou até mesmo uma luta pela sobrevivência, errar significa perder em qualquer uma das hipóteses possíveis.

A escolha do Mercado-Alvo não é como um treino de tiro ao alvo com objetos imóveis que você pode tentar acertar quantas vezes quiser ou gastar a munição que puder. Ao contrário, é uma caçada mortal na qual errar o alvo pode constituir um erro mortal. Quem entra nessa caçada, sabe que o cenário é de competição entre presa e predador, caça e caçador e que só há espaço para um deles. A sua munição é escassa e você não tem o direito de errar nenhuma tentativa. Possivelmente, você poderá ter até três chances antes de ser eliminado. Mas, por garantia, tome os devidos cuidados e acerte na primeira.

O "Alvo" é o prêmio que está em jogo em todas as competições possíveis. Acertá-lo é uma exclusividade para os vencedores. E quanto mais o competidor acerta, mais chance ele tem de vencer o duelo. Acertar a cesta é a meta do jogador de basquete. Acertar o ângulo do gol é meta do jogador de futebol. Acertar o adversário é a meta dos lutadores de todos os esportes. Acertar é uma obrigação de todo e qualquer vencedor.

Mas, em toda competição, o empate é o melhor resultado que um perdedor pode ter em longo prazo. Para haver um campeão alguém precisa perder. Cabe a você descobrir de qual lado está jogando ou lutando: dos vencedores ou dos perdedores?

Acerte o alvo o máximo de vezes que você puder. Um acerto pode trazer resultados positivos imensuráveis. Todavia, um erro pode resultar em danos irreversíveis. Brincar de ser empresário custa caro. Inclusive, pode custar a sua liberdade financeira pelo resto da vida.

Visto que está disposto a empreender, encare esse desafio com cautela e responsabilidade. Nunca ignore as regras do jogo por mais experiente que você seja. Igualmente, não se esqueça de que o cenário está mudando rapidamente. Por essa razão, não acompanhar essa transformação significa ficar para trás.

Uma vez tomada a decisão de empreender, escolha o alvo que deseja acertar. Mire até ter plena convicção de que não irá errar facilmente. E quando atirar certifique-se de que acertou. Porque errar significar perder, ficar fora do jogo. Portanto, mire e trate de acertar agora.

Acerte o Alvo

Acertar o alvo não é opcional. É obrigatório. Se você errar ficará fora do jogo. Se escolher o alvo errado, será eliminado. Para você, a batalha começa a partir de agora. Então, trate de acertar o alvo em cheio.

Todo caçador tem uma estratégia para pegar a presa da maneira mais fácil. Todo treinador tem uma estratégia para ganhar a luta. Todo general tem uma estratégia para vencer a guerra. Visto que isto aqui também é uma competição acirrada que vale as "suas economias" e a sua independência ou estabilidade financeira, então é mais sensato não entrar nesta batalha sem uma estratégia vencedora.

A estratégia a ser adotada nada mais é do que um bom plano de marketing. Um plano de marketing que inclua uma investigação ampla do mercado-alvo escolhido, uma estratégia de marketing com foco e posicionamento bem definidos, as metas e objetivos almejados determinados, um plano de ação que inclui todas as etapas previstas, a viabilidade financeira que não ignore um cenário pessimista e controles para que possa fazer a avaliação e o acompanhamento do conceito que será vinculado ao seu produto ou serviço.

É importante ressaltar que mesmo fazendo tudo isso como sendo o mínimo esperado, não há nenhuma garantia de sucesso. Todavia, ignorar esses procedimentos pode significar uma via direta para o fracasso.

Não menos importante, conforme já foram abordadas repetidas vezes, não esquecer se da necessidade de ter uma marca com uma essência bem definida e devidamente comunicada ao cliente em perspectiva mesmo que o seu empreendimento seja um daqueles negócios que nascem e funcionam por algum tempo na garagem de casa. Talvez, você não considere isso importante agora, mas se não quiser permanecer para sempre sem um ponto comercial, é bom analisar esse detalhe com bastante atenção antes que chegue o dia de pedir falência ao invés de mudar de endereço. Steve Jobs quando fez isso para a Apple e Jeff Bezos para a Amazon tiveram um retorno nunca antes imaginável. Nunca se sabe quando alguém sairá da garagem para conquistar o mundo.

Você tem que acertar o alvo e o momento de apertar o gatilho é este. Há uma multidão no torno de sua opção. Pode até acontecer de você mirar numa coisa e acertar noutra completamente diferente. Ou, pode ocorrer de errar o alvo complemente, o tiro sair pela culatra e todo o seu esforço acabar simplesmente em nada. Quando se entra numa caçada desse tipo, tudo pode acontecer: desde você ficar muito rico rapidamente ou endividado até morrer. Portanto, acerte o alvo. Será melhor para você.

Ataque de Flanco

Quem nunca fugiu de uma briga só porque o cara era duas vezes maior do que nós? Alguns chamam isso de medo, outros de covardia. Eu chamo de inteligência, esperteza. Por que eu entrarei numa briga já sabendo que irei perder?

Não importa qual é o cenário. Este mundo é um ringue e em qualquer lugar que você entrar, terá que lutar por um espaço ou alguma coisa de seu interesse. Você competiu pelo emprego que tem, pela mulher que conquistou, pelo estilo de vida que adotou depois de se dedicar para isso. Atualmente, segue lutando todos os dias para não perder o que já tem e para conquistar aquilo que ainda gostaria de ter. Mas, agora você decidiu empreender e acha que tudo virá de graça?

Sinto muito em ter que dizer isso. Mas a verdade é que você não tem uma empresa, uma marca, um produto, nenhum cliente. Ainda não tem nada do que realmente importa. Tudo o que existe agora é uma importante decisão que deverá ser tomada com bastante cautela e um plano que precisa ser cuidadosamente executado. Você irá competir por cada coisa que fará parte desse negócio. O prédio, os produtos, os funcionários, os clientes. Nada disso virá sem um preço. E terá que pagar por isso.

Todavia, assim como todo caçador tem uma estratégia para pegar a presa da maneira mais fácil, todo treinador tem uma estratégia para ganhar a luta, todo general tem uma estratégia para vencer a guerra, você não entrará nesta batalha sem uma estratégia vencedora. Visto que vencer é uma obrigação, comece então um ataque de flanco o mais estreito possível.

Mas, antes vamos esclarecer algumas coisas que todos os competidores precisam entender para sobreviver. Esqueça o quanto de dinheirovocê tem na sua conta bancária. Rico ou pobre, a única coisa que importa é o valor necessário para investir nesse negócio. O poder da marca estará no que ela for capaz de representar para o cliente em perspectiva. O que você tem ou deixa de ter na sua conta bancária pouco importa para o cliente.

Não é possível saber que tipo de negócio você tem em mente. Mas, é bem provável conhecer os seus concorrentes antes mesmo de ter qualquer acesso ao seu futuro empreendimento seja lá qual for o seu segmento. Seus concorrentes já estão lá à sua espera e as regras do jogo estão aqui ao seu dispor.

Se o negócio que você tem em mente for um supermercado, olhe para quantos gigantes tem a sua volta. Se for uma sapataria, olhe para quantas concorrentes poderosas tem a sua volta. Se for uma padaria, olhe para quantas concorrentes populares têm a sua volta. Se for uma loja de confecção, olhe para a quantidade de queridinhas já tem a sua volta. Se for uma loja de eletroeletrônico, olhe para a sua volta e veja a quantidade de dinossauros que estão esperando por sua loja. Não importa qual o tipo de negócio escolhido. Apenas olhe a sua volta e veja no que está se metendo.

Olhe, mas não fique com medo. Por maiores que sejam todos eles têm um ponto franco. E, é nesse lugar que a sua empresa-marcairá atacar até se tornar a maisforte do segmento. Fixe os olhos no seu maior concorrente direto e descubra onde, como e quando irá atacar.

Geralmente, esses gigantes têm dois pontos muito fortes: preço e variedade. Todavia, preço e variedade também são pontos francos. Depende apenas da estratégia na qual a sua marca adotará.

Embora preço e variedade sejam um diferencial incomparável aos demais, por meio de um ataque de flanco, você também poderá bloqueá-los e usá-los de uma maneira ainda mais inteligente. Contudo, este não pode nem deve ser o seu imã para atrair o cliente, porque ele só trocará de empresa ou de marcase existir algo que realmente compense. Cabe a você descobrir o que.

Mesmo que você tenha R$ 100 milhões para iniciar um depósito de material de construção civil, ainda que invista todo esse montante no negócio, não há nenhuma garantia de que um dia desbancará o líder e assumirá a liderança do mercado. Sinceramente, isso é praticamente impossível, sobretudo, usando as estratégias tradicionais.

A saída ou solução sempre está nos detalhes. A soma deles é o que poderíamos chamar de diferenciação. Sob esse ponto de vista, é hora de focar para resolver o problema ou dilema do ataque de flanco proposto.

Todo mundo acha muito chato quando tem que ir ao depósito de material de construção comprar uma lâmpada ou um chuveiro, mas é obrigado a passar pelo mesmo processo de quem vai lá comprar o material de uma casa inteira. O indivíduo que só quer comprar uma simples lâmpada ou um chuveiro e sair rapidamente da loja permanece lá durante alguns longos minutos esperando nos corredores enquanto mendiga a atenção de um vendedor. O problema é que ele quer comprar apenas um item enquanto o outro cliente quer comprar o material de uma casa inteira. Azar seu, porque é uma decisão fácil de ser tomada pelo vendedor que recebe uma comissão por cada venda realizada. Assim, depois de esperar pacientemente por sua vez, o desprezível cliente de um item consegue comprar o produto e sair da loja.

Ser tudo para todos sempre tem as suas desvantagens. Com R$ 100 milhões eu posso até não criar uma marca tão poderosa como a líder de mercado. Mas posso flanquear ela por inteira. Com R$ 15 mil eu também posso fazer o mesmo com uma loja de confecção. Flanquear é retalhar o concorrente começando pelas partes mais sensíveis do negócio dele.

Com R$ 100 milhões, posso criar uma rede de lojas de qualquer um dos segmentos de produtos mais lucrativos e de maior demanda de mercado que existe dentro do gigante depósito de material de construção. Posso criar uma rede de lojas exclusivas para iluminação ou cimento e concreto ou piso e revestimento ou forro e pintura. Depende apenas do ponto mais fraco observado no gigante. A autoconfiança arruinou Golias. A sagacidade deu a vitória a Davi.

O problema de quem está abrindo, já abriu ou fechou um pequeno negócio é quase sempre o mesmo: querer ser tudo para todos. Sempre que isso acontece, quem tenta acaba não sendo nada o tempo todo. Se o concorrente gigante tem preço e variedade, a minha rede de lojas segmentada tem quantidade, variedade e preço. Além disso, para o cliente em perspectiva, a minha rede de loja é uma especialista no mercado. Ele sabe que se precisar comprar um produto do meu segmento de mercado, provavelmente encontrará com grande facilidade lá na minha loja especializada. Nesse caso, o gigante concorrente passa a ser automaticamente a segunda opção e não mais a primeira como sempre foi. A autoconfiança arruinou Golias. A sagacidade deu a vitória a Davi.

Esse princípio se aplica a todos os segmentos de mercado. Não importa se é uma loja de confecção ou um supermercado. Todos eles têm um ponto fraco que permitirá você conquistar uma fatia do comércio. Bater de frente com eles só porque você abriu uma loja nova apenas os tornarão ainda mais fortes. Os clientes em perspectivas não estão dispostos a trocar a segurança de sempre por algo que ainda não conhece. Entretanto, se você for um especialista, todos perceberão uma vantagem em aderir a sua proposta. Porque há de fato uma vantagem nisso que o generalista não pode oferecer.

Na era da segmentação, ser especialista em algo é sempre uma vantagem. Ser generalista é um risco constante. Dar certo demais para uns, errado demais para outros. Nunca se sabe quem manterá as portas da loja abertas por mais tempo.

Comece com uma vantagem e não com várias desvantagens. Seja um especialista em algo e comunique isso para o seu segmento de mercado. Se você adotar uma boa estratégia para fazer esse comunicado, em pouco tempo, todos saberão que você chegou com a intenção de ficar e que oferece vantagens que ninguém a sua volta pode oferecer.

Se você vai realizar um ataque de flanqueamento, escolha uma área comercial que apresenta uma grande demanda. Não faz sentido querer vender o que ninguém está interessado em comprar. Não é hora de arriscar em lançar um produto ou serviço. Apenas melhorar a maneira de comercializá-lo ao máximo possível.

Quando for atacar o seu concorrente, surpreenda-o o tanto o quanto puder. Em hipótese alguma, ele deve saber que você está planejando um ataque. Se descobrir isso a tempo, os seus esforços podem ser inúteis porque muito provavelmente a sua ofensiva será facilmente bloqueada pelo concorrente.

Acompanhe cada etapa do ataque realizado. Fique atento a todos os detalhes. Analise os resultados positivo e negativo. Não tire o olho nem por um instante do comportamento do cliente. Afinal de contas, a batalha ocorre na mente dele e não na avenida onde está localizada a sua loja e a de seus concorrentes.

Concentre todos os seus esforços num segmento possível de ser defendido. O tamanho ou a quantidade nesse momento não é o mais importante. A prioridade é vencer o ataque e se apoderar do segmento disputado.

Uma vez conquistado o segmento almejado, não haja como se fosse o líder. Mantenha o foco o mais estreito possível e todos os esforços direcionados para o alvo desejado. Mudar o foco é sair da direção desejada e isso pode custar tudo o que já foi conquistado.

Continue com a ofensiva sempre de olho nos resultados. Todavia, se perceber que continuar com o ataque resultará num fiasco, caia fora o quanto antes. É melhor perder uma batalha do que a guerra.

Você não deve desistir da guerrilha até que tenha provas convincentes de que não tem a menor chance de vencer. Mas, precisará de uma nova estratégia que seja capaz de tornar a sua empresa a vencedora desse conflito. Não tenha medo de recuar, mudar atática. Faz parte do jogo. Ficar parado só facilitará ainda mais para o seu oponente.

A autoconfiança arruinou Golias. A sagacidade deu a vitória a Davi. E você, o que fará para vencer?

Descubra por conta própria. Nem que para isso, tenha que fazer diversas pesquisas e ler mais pelo menos duas dezenas de bons livros. Não seja precipitado. Faça o que deve ser feito do jeito certo. Porque tem muito mais coisas em jogo do que você imagina.

Em qualquer circunstância, fuja das receitas prontas e não adote a mesma estratégia que o seu principal concorrente também adotou um dia. Ele já a conhece muito melhor do que você. Sabe como neutralizá-la e qual é o resultado previsto caso consiga colocá-la em prática. Lembre-se que é você quem realizará um ataque de flanco por meio de sua empresa-marca.

Por precaução, não coloque todos os recursos disponíveis em jogo. E o que colocar, concentre o máximo possível no ponto mais vulnerável do concorrente.

Seja continuamente cauteloso mesmo quando a vantagem aparentemente for toda sua. Às vezes, o jogo vira. Então é melhor não deixar isso acontecer.

A autoconfiança arruinou Golias. A sagacidade deu a vitória a Davi. E você, o que fará para vencer?

PARTE IV

POSICIONAMENTO

Essência e Fixação

Todo mundo usa perfume. Ou, pelo menos deveria. As preferências variam muito de uma pessoa para outra. Mas, independentemente do quanto elas são apaixonadas por perfumes ou não, todas têm algo em comum: a busca pela essência e fixação compatíveis com a sua preferência.

A busca pelafragrância ideal é dividida em duas etapas. A primeira consiste em encontrar oaroma perfeito. A segunda, em descobrir aquela que tem o maior tempo de fixação. A fragrância pode até ser a desejada, mas se não tiver fixação, não vale apena comprar, uma vez que o usuário aplica o produto sobre o corpo e pouco tempo depois, já não existe mais. O vento o levou.

A busca pela marca ideal para cada tipo de produto em sua respectiva categoria também ocorre dessa forma. Primeiro, o cliente procura uma conexão com a marca, o que equivale à fragrância. Depois, testa-a por um período como se fosse uma experiência. Se o resultado não for o esperado, ele muda para outra e continua fazendo novas experiências até encontrar a representante ideal.

As marcas são como perfumes. Elas têm que ter uma essência e devem se fixar na mente do cliente por muito tempo. Quanto mais forte for a essência e mais duradouro o tempo de fixação, maiores serão as chances de o cliente adotá-la como legítimo representante para cada respectiva categoria de produto. Assim sendo, é nesse estágio do processo que a empresa deveria começar a busca pelo posicionamento.

Embora essa ilustração tenha sido feita com perfumes, poderia perfeitamente bem ter ocorrido com qualquer outro produto disponível no mercado. Para saber o quanto isso é verídico, basta contabilizar quantas vezes você já mudou de marca de celular, de notebook, de sapato, de carro ou de qualquer outra coisa que venha a sua mente agora. É importante ressaltar que essa mudança pode ocorrer por causa de alguns fatores relacionados à marca ou ao produto-serviço, mas que, em qualquer circunstância, tanto a adesão como a substituição de ambos ocorre porque o investimento não corresponde ou justifica a experiência obtida pelo cliente.

Na mente do consumidor, algo extraordinário tem que justificar uma série de fatores relacionados à compra. Essa justificativa geralmente se encontra na experiência que o consumidor tem com o produto testado. Quando ele não consegue corresponder àsexpectativas, costuma ser imediatamente substituído. O que não pode passar despercebido aqui é o fato de que ninguém substitui produtos. Substitui marcas. Ninguém troca o feijão do cardápio pelo arroz só porque uma determinada marca não conseguiu cumprir o esperado pelo consumidor. Apesar da experiência ruim que teve, o feijão continuará no cardápio. Entretanto, a marca que representa o produto usado na experiência, provavelmente não.

Não importa a relevância da marca e tampouco as circunstâncias que resultam na compra de algo. A verdade é que as pessoas nãoadquirem produtos ou contratam serviços. Elas querem, precisam e buscambenefícios, vantagens e soluções para o seu cotidiano.

Cabe exclusivamente as marcas comunicarem aos clientes que elas estão aptas a suprir essas necessidades. Para que isso ocorra de forma eficaz, a marca tem que está devidamente posicionada no mercado. Se ela estiver fora de sua área de atuação, provavelmente não será lembrada pelo cliente em perspectiva durante o ato da escolha. Talvez, você não considere isso importante por nunca ter pensado em como funciona esse processo. Suponha que você terá que comprar um refrigerante cola agora. Instantaneamente, duas marcas lhe vieram à mente, embora você já saiba qual delas irá comprar. Não seria diferente se fosse uma cerveja, um desodorante ou creme dental. Para cada uma dessas classes, você já tem uma marca predominante na mente.

Entrar na mente do cliente em perspectiva constitui um grande desafio que as marcas de sucesso têm de superar antes de liderar uma categoria. Manter-se na mente é outro desafio maior do que o primeiro. Todos os dias, novos concorrentes farão inúmeras investidas para ocupar o lugar que agora está ocupado por uma respectiva marca. Conforme a mente do cliente e o próprio mercado vão mudando, ocorre que se a marca não acompanhar essa transformação, ela possivelmente será substituía.

Por essa razão é que as marcas devem ter essência e fixação. Esses elementos fazem com que o cliente não a esqueça facilmente. Ela deve permanecer fixa na mente o tempo todo. Quem não consegue entrar e se fixar significa que não ainda ao chegou a lugar algum.

Entrar na mente não é opcional. É uma questão de sobrevivência. Infelizmente, esse processo não depende apenas de uma escolha. Estar sujeito necessariamente auma série de fatores que quando bem articulados fazem com que a marca vá parar onde realmente deveria ficar: na mente do cliente.

Frequentemente, do nada, uma música gostosa de ouvir entra na nossa mente e permanece lá sendo repetida diversas vezes até se tornar chata e começar a nos martirizar pelo excesso de repetição. Enquanto isso, outra música que cantamos e curtimos desde quando nos entendemos por gente permanece no nosso subconsciente esperando o momento certo para ser lembrada e cantada. Está presente sem sufocar é o segredo da permanência. Marcas como Nike e McDonald's só veiculam anúncios respeitando a frequência com que devem cumprimentar os seus clientes. A Coca-Cola só aparece em ocasiões especiais porque quer fazer parte da vida das pessoas por meio desses momentos. Enquanto isso, a Dolly acredita que tocar aquele jingle o dia inteiro fará com que a marca venda mais refrigerantes.

Ser lembrado não significa necessariamente ser consumido. As marcas mais lembradas pelo consumidor não tocam jingle que se autodenomina "o melhor". Elas geralmente são lembradas como sendo o produto original. Detergente é Ypê, Presunto é Sadia e Guaraná é Antártica e mudar isso na mente do consumidor não é nada fácil.

Para entrar na mente do cliente em perspectiva é preciso ter essência e fixação. Para permanecer lá, algo extraordinário envolvendo a marca precisa acontecer para gerar a melhor experiência que alguém poderia ter.

Identificação e Diferenciação

Quando alguém é obrigado por um órgão ou por um profissional a mostrar o documento de identidade, ambos estão apenas querendo lhe dizer: "prove que é você". E este é o jeito mais eficiente de descobrir se aquela pessoa é realmente quem se diz ser.

A identidade tem o poder de revelar quem nós somos. O que somos está na essência que pode ser entendida aqui como personalidade. Por essa razão é que a identidade e a personalidade são importantes para as pessoas e fundamentais para as marcas.

Tudo o que há descoberto no universo já ganhou um nome. Só que alguns desses nomes tiveram que virar marcas. A diferença entre ambos é que enquanto os nomes servemapenas para a identificação, as marcas servem tanto paraa identificação como a diferenciação. Por essa razão, pessoas, empresas, produtos e serviços se tornam marcas para se distinguirem uns dos outros.

Estas são as últimas páginas deste livro. Até aqui, a palavra "marca" foi usada com tanta frequência que em alguns casos, pareceu até desnecessário. Contudo, todas as vezes que foi mencionada ocorreram de forma intencional, para que você tome conhecimento acerca da importância que elas têm como legítimos representantes de um produto ou serviço.

Talvez, você esteja acreditando que a parte mais difícil já foi resolvida. Afinal de contas, foi pedido que fosse identificado o grupo de pessoas que sua empresa-marca irá servir e imediatamente não só foi feito isso como também já ficou acertado com o que irá servi-lo. Agora falta descobrir como irá servir da melhor forma possível e comunicar adequadamente ao público-alvo o grande diferencial que a empresa será.

Você já está bem adiantado. Falta muito pouco. Mas, a verdade é que a parte mais difícil ainda está por vir. Você tem um grupo de consumidores, tem uma demanda para ser suprida e já identificou uma oportunidade de negócios. Feito tudo isso, falta "apenas" uma marca com uma essência inconfundível e com uma fixação prolongada. Ou seja, a parte mais importante e a mais difícil de todo o processo. Porque, sem uma marca, você pode até ter a infraestrutura, o produto ou serviço e uma demanda para suprir. Mas dificilmente terá o controle do cliente.

Dada tamanha importância e complexidade sobre a essência e a fixação de uma marca, será disponibilizada uma tabela composta com os elementos essências de uma marca, os quais possibilitarão chegar o mais próximo possível do resultado desejado.

Tabela 1.0 – A Essência de uma Marca

Nome	
Slogan	
Público-Alvo	
O que faz?	
Por quê?	
É a primeiro em que?	
É diferente em que?	
Representa o quê?	

Todos os atributos presentes nessa tabela foram extraídos individualmente das experiências vividas pelos melhores marqueteiros do mundo, com passagens pela Nike, Starbucks, Apple, Coca-Cola, McDonald´s, Intel, entre outras.

Por mais simples ou complexo que possa parecer, não ignore essa etapa. É um exercício tanto para você como para os clientes perceberem a essência de sua marca e entender o que ela representa.

A partir de agora, será comentado em separado, a função, a importância e o resultado previsto para cada um dos atributos levantados nessa tabela.

Portanto, trate de respondê-la com criatividade e originalidade. O sucesso ou o fracasso de sua marca – possivelmente – começa aqui.

Nome

"Em longo prazo, uma marca nada mais é do que um nome." Este jargão é usado com frequência por um marqueteiro mundialmente famoso. Sua veracidade é tão incontestável que o mais correto nos dias de hoje seria substituí-lo por: "uma marca nada mais é do que um nome".

O tempo que antes era necessário para as pessoas perceberem o Nome da empresa como uma Marca, hoje é o equivalente para esse esteser aceito ou retirado do mercado. O processo está tão acelerado que deixar para amanhã o que deveria ter sido feito hoje por meio do marketing se tornou arriscado demais. Porque pode custar a sobrevivência da empresa.

O Nome que é fixado na fachada da loja não é apenas uma denominação. Ele é a própria loja. É uma Marca que crescerá rapidamente ou definhará até morrer miseravelmente. Nos dias hoje, a situação é ainda pior. Pois, a necessidade de ter um nome forte só aumenta. Se antes o empresário precisava fixar adenominação da empresa apenas na fachada da loja e aguardar o milagre das vendas acontecer, hoje esse título deve ser fixado na fachada da loja, na mente do cliente, na internet e na televisão. Feito isso, deveainda torcer para que este seja percebido e aceito entre milhares de opções.

A pior parte desse processo é justamente a mais injusta. O nome que será aceito não é o mais criativo nem o que receberá mais investimentos. É sabido por todos que o investimento em marketing é vital, mas não há garantia de sucesso algum mesmo assim. A questão é que só há três gavetas na mente do cliente para guardar os nomes de cada categoria. E se o título de sua marca chegou depois que a gaveta foi ocupada, dificilmente ela será aberta novamente para fazer uma substituição.

Uber *versus* 99, ifood *versus* Uber Eats. Essas são as marcas líderes de suas respectivas categorias e sua principal concorrente. Mas a lista de cada categoria tem dezenas de nomes que querem virar marcas a qualquer custo. Na verdade, elas deveriam migrar urgentemente para outras categorias porque duas gavetas já estão fechadas e as outras oito marcas concorrentes terão que lutar mortalmente pelo último lugar restante.

O nome da marca é algo tão poderoso que quando usado corretamente, vende bem o produto mesmo sem fazer um alto investimento, um grande esforço por parte do marketing. Porque, ao se tornar uma marca na mente do cliente em perspectiva, ele representa não mais uma empresa, produto ou serviço. Ele passa a ser essencialmente qualquer uma destas coisas, associada-as a uma série de vantagens e benefícios.

A percepção de marca forte na mente do cliente é simplesmente o meio mais eficiente de vender as coisas. No mercado de hoje, é impossível uma empresa nascer e crescer sem antes se transformar numa marca. Como num passo de mágica, grandes coisas acontecem quando você coloca o nome certo em algo e tenta comercializá-lo da forma correta.

Ignorar esse processo tem obrigado milhares de empresas a fecharem as portas. Um fato que na dependente apenas de um cenário pessimista. São as novas regras do jogo e ignorá-las não tem ajudado o empresariado em absolutamente nada.

Portanto, não seja estúpido ou imprudente. Dedique o máximo de tempo necessário para a escolha do nome que dará para o seu negócio e promova-o constantemente. Ele se tornará uma marca e representará algo algum dia. É assim que nascem as marcas. E, não fazer isso é o que as leva à morte prematura.

    Se o nome escolhido não for capaz de representar algo relevante na mente do cliente, a história de sua empresa será resumida a uma batalha sofrida, uma luta constante pela sobrevivência antes de morrer miseravelmente.

Slogan

Você já deve ter notado que em toda foto de um candidato tem um slogan. Cada um mais belo que o outro. Mas, o que aconteceria se o candidato ignorasse essa regra e não adotasse um slogan de campanha?

A hipótese mais provável é que nenhum eleitor saberia qual é a causa que cada respectivo candidato representa. Visto que faz tanta diferença assim para um candidato a um cargo político, imagine o quão importante pode ser para uma marca que precisa se diferenciar da legião para poder vender o produto.

O slogan define e representa o que a marca é na essência. O poder de um slogan é imensurável. Não há marca poderosa e famosa sem um slogan poderoso. As pessoas olham para o slogan e já sabem o que ela representa – ou pelo menos tenta.

"Gostosa como um abraço" fez da Malwee a roupa mais gostosa de usar. As pessoas gostam de abraço. Por que não haveriam de gostar de Malwee?

"Dedicação total a você" fez das Casas Bahia uma das quatro maiores redes de varejos do Brasil de todos os tempos. Quando uma marca se dedica integralmente ao cliente, se torna mais fácil de conquistar a sua confiança.

Duvidar por quê? "Detergente é Ypê". E o resto é o quê? Uma imitação do verdadeiro detergente. Parece exagero, contudo, é isso que está fixado na mente do cliente independentemente do que signifique ou não. Não importa o quanto ele duvida, concorda ou discorda. Só que no final do preço ele entende que "Detergente é Ypê".

Hellmann´s é "a verdadeira maionese". Até agora ninguém conseguiu provar o contrário. Falta de esforço dos concorrentes é que não foi em nenhum momento. Mas, quem são mesmo os concorrentes da Hellmann´s? É difícil de competir com "a verdadeira maionese".

"Se é Bayer, é bom." Mas, e se não for Bayer? Se não for, ninguém sabe qual é a qualidade. A única certeza que todos têm é que "Se é Bayer, é bom." Se eu quero que seja o bom, então devo comprar Bayer.

O slogan é o elemento mais poderoso que existe no entorno de uma marca. Ele diz o que ela é e o porquêde ser daquele jeito. Sem o slogan, Malwee não seria "gostosa como um abraço", as Casas Bahia não mantinham "dedicação total a você", ninguém saberia que "detergente é Ypê" e que "a verdadeira maionese" é Hellmann´s. Entendeu por que a sua marca deve ter um slogan?

Público-Alvo

É melhor ser forte num único ponto do que ser fraco em todos. Na era da segmentação, ser tudo para todos significa ser nada o tempo todo. Ninguém entra nessa onda de empreender para sair como uma piada de péssimo gosto, como um bom perdedor. Querendo admitir ou não, isto é uma competição. Nem o público-alvo é seu. Então, é melhor ser cauteloso e definir para quem a sua marca irá servir sempre tão bem.

Até aqui, você já deve ter escolhido o grupo que a sua marca irá servir. Descobriu o que esse grupo precisa e criou uma estratégia para servi-lo de uma forma diferente de todos os concorrentes. Agora é focar e servir sem ignorar nenhuma regra, sem deixar nenhum detalhe passar despercebido. É como se tivesse seguido um rotineiro que indicou um segmento e depois uma categoria de produto.

Na pior das hipóteses, nada de querer agradar todo mundo. Nem tente porque isto é impossível. Todos que tentaram, fracassaram. Sirva aos seus melhor do que todos os concorrentes poderiam servi-los e tudo terminará bem para a sua empresa-marca.

Foque totalmente no grupo e conte apenas com quem realmente gostou ou gosta do seu produto ou serviço. Nem todos os clientes serão seus. Os que foram embora sem se justificar não são membros do seu grupo de consumidores. É melhor você nem ir atrás deles. Pois, estará perdendo o tempo e os recursos que deveriam ser dedicados àqueles que devotam a sua marca e consomem os seus produtos ou serviços constantemente sem nunca impor condições ou regras adicionais.

A maioria das empresas perde os clientes que já tem tentando conquistar os novos. A atenção é desviada de que realmente merece para quem não precisa. Dessa forma, todos os esforços são equivocadamente desviados e assim desperdiçados por não atender as necessidades de quem realmente está disposto a aceitar a ajuda.

Num cenário marcado por uma imensa competição, é melhor ter um cliente dentro daloja do que dez na rua. Só compra quem visita a sua loja, razão pela qual a sua empresa irá servi-los bem todos os dias, todas as vezes que forem necessárias. Portanto, foca no cliente. Esqueça o andarilho que beira a sua loja constantemente, mas que nada compra.

O que a Marca faz?

Geralmente, vende um conceito. Quando não vendem um conceito, não consegue vender nada. Porque ninguém compra produto ou serviço. As pessoas compram benefícios. E, o que são os benefícios de uma marca se não um conceito?

Assim como toda marca bem-sucedida, a sua marca também venderá um conceito poderoso, único e de extrema utilidade para o cliente em perspectiva. Algo tão relevante que se torna impossível de ele viver bem sem tê-lo como um diferencial na sua vida.

Qual será o conceito vendido por sua marca? É mais sensato já definir isso com muita perspicácia e senso de urgência do que simplesmente adiar o ignorar. As marcas que já estão no mercado e as que estão chegando, todas elas vendem um conceito poderoso.

NIELY GOLD – "Nutrição Poderosa". Hidrata e nutre sem pesar. Maciez, brilho e ação 'anti-frizz'. Com esses benefícios, a Niely Gold garante uma "Nutrição Poderosa". Parece ideal para quem tem 'cabelos desnutridos' e com 'frizz'. Por que não usar?

NIVEA – "Hidratação Profunda". Hidratação com cuidado intensivo. Com "2x mais óleo de amêndoa". Perfeito para "pele seca e extra-seca". Ter uma pele hidratada é difícil. Requer uma série cuidados. Mas com a "Hidratação Profunda" da NIVEA, agora ficou fácil.

PANTENE *PRO-V* – É um verdadeiro milagre em matéria de xampus. Ele faz a "reparação do dano extremo simultaneamente" e contém uma "fórmula provitaminas" que ajuda na "restauração". Possivelmente, o dano extremo presente no cabelo de milhões de pessoas será reparado com o PANTENE *PRO-V* com sua "fórmula provitaminas".

Achou exagerado demais? Com exageros ou não, a sua opinião não relevante – pelo menos aqui e agora. O que prevalece é a necessidade do cliente. As marcas campeãs de vendas já sabem disso.

A regra é seduzir. E, com tantos benefícios assim, fica difícil do cliente resistir. Então, projete a sua marca da mesma forma que foram projetadas as campeãs de vendas.

Por que faz?

Por que você fez isso? Esta é uma pergunta frequente na vida de muita gente. Quantas vezes já não ouvi essa pergunta logo após ter feito algo que não justificou a minha atitude? Como ficou a minha reputação depois de não ser capaz de justificar de forma convincente o que eu fiz?

Mas este não é um processo que ocorre apenas com fatos negativos. Eu posso surpreender uma pessoa e ela também perguntar-me: por que você fez isso? No Mercado Minado de marcas, as coisas geralmente também são interpretadas assim.

"Por que" determinada marca faz isso? No árduo processo de construção de marcas, saber o que está fazendo é importante. Mas saber o "porque" é ainda mais.

"Pense Diferente." Foi o que a Apple propôs numa época em que as pessoas pareciam pensar iguais. Para a Apple, "pensar diferente" era a única coisa que realmente diferenciava as pessoas umas das outras. Só que pensar diferente geralmente sugere que o indivíduo tem algum transtorno mental. O pior é que ninguém gosta de receber esse diagnóstico mesmo depois de emitir essa impressão. Mas, parece que essa regra não funciona muito bem no mundo das marcas, uma vez que com essa filosofia a Apple revolucionou toda uma indústria e mostrou para uma geração homogêneaque existem inúmeras vantagens em pensar diferente.

A regra é uma só e vale para todas as empresas: não fale de produtos, fale de valores. Dessa forma, a sua marca se torna capaz de comunicar porque faz ou propõe fazer tal coisa ou por qual razão as pessoas deveriam aderir à determinada proposta. As pessoas querem saber por que devem fazer determinadas coisas e não apenas fazer porque alguém pediu, aconselhou ou ordenou. Ninguém vai à farmácia e compra um remédio caro e amargo e depois o toma só porque alguém pediu, aconselhou ou ordenou. Tem que haver uma justificativa para ele fazer isso.

Quando a Nike propôs "Just Do It" (faça) não se tratava apenas de mudar de estratégia de marketing e abranger ainda mais o mercado-alvo. "Just Do It" estava respondendo o tempo todo o "porque" de fazer aquilo que a marca estava propondo. Imediatamente, as pessoas perceberam que não se tratava de vender um produto, e sim, de compartilhar um valor.

Compartilhar valores é o melhor negócio que a sua empresa ou marca pode fazer para a sociedade em geral. Existe uma preocupação constante com diversas causas, sobretudo, sociais e ambientais ou que envolvem diretamente os valores morais que poderiam ser defendidos por meio das estratégias de marketing adotadas pela companhia. Assim como "Think Different" e "Just Do It", a sua marca também poderá encontrar um valor inestimável numa causa que as pessoas acreditam ou defendem voluntariamente.

É a primeira em que?

"A primeira vez ninguém esquece." É o que todo mundo diz sobre as experiências. Mas, não é apenas a primeira experiência em determinada coisa que permanece. A primeira coisa em determinada experiência também fica gravada na mente.

Visto que estamos falando de experiências, então esqueça o produto, o preço, a qualidade e a forma de atendimento. Isto não é tão relevante, mas é vital responder: sua empresa ou marca (produto ou serviço) é a primeira em que?

Há quatro décadas, produto, preço, qualidade e atendimento eram suficientes para fazer com que a sua marca/empresa sempre fosse lembrada como uma das melhores opções. Na verdade, isso era possível porque a concorrência ainda não tinha amadurecido e se enfurecido nessa guerra pela mente do cliente. Hoje, não está na mente do cliente significa não está em lugar algum.

Dada tamanha concorrência e as inúmeras categorias de mercado existentes, atualmente o jeito mais fácil de ser o primeiro numa categoria é se tornando especialista num determinado segmento. Quando a Uber iniciou as suas atividades por meio de um aplicativo que permite a busca por motoristas baseados na localização, ela estava iniciando uma nova categoria de transporte de passageiros em vias urbanas. Como foi a primeira na categoria, apesar das dezenas de concorrentes que surgiram a Uber permanece na liderança.

Ser o primeiro numa determinada categoria geralmente significa ser o líder. Mas todas as categorias existentes já têm uma marca ocupando a liderança.

Felizmente, quando não é possível ser o primeiro numa categoria, é possível criar uma nova categoria em que possa ser o primeiro. Este é o jeito mais fácil que existe para alcançar a liderança.

Flanquear é a maneira mais eficiente para se criar uma nova categoria. No exemplo dado sobre o depósito de material de construção, quantas formas de flanqueamento foram citadas? Cada uma das formas citadas representa uma nova categoria que deverá ser assumida por um líder daquele segmento. Essa regra se aplica em todos os setores e modalidades de atividades comerciais. Em qual área será o seu ataque de flanco?

Como já dizia um velho guru do marketing: "se não puder ser o primeiro em uma categoria, estabeleça uma nova categoria em que seja o primeiro".

É diferente em que?

Você já reparou a diferença entre um gol ano 1992 e o gol 2019? O seu aparelho de televisão comprado em 1994 apresentaalguma diferença do modelo comprado em 2019? Ser diferente tem as suas vantagens. Se não tivesse, porque alguém pagaria uma diferença no preço do mesmo produto só por que é uma versão diferente?

É diferente em que? Esta é a pergunta padrão que geralmente todo mundo faz quando você diz que comprou uma versão mais recente de determinado produto. Um jogo de videogame, por exemplo, você compra e começa jogá-lo buscando muito mais as diferenças entre as duas versões do que até mesmo a façanha de finalizá-lo no menor tempo possível. Quando comenta com um dos seus amigos, a primeira coisa que ele pergunta: "é diferente em que?"

Na Uber, você solicita um carro pelo aplicativo do celular. Pelo aplicativo é possível obter os dados pessoais do motorista e da frota, saber exatamente a localização do veículo solicitado, a rota mais provável que ele fará para chegar até você, quanto custará a sua corrida até ao endereço solicitado e o tempo estimado para chegar ao destino indicado pelo usuário.

A Uber chegou ao mercado sendo diferente em tudo. E essa diferença transformou profundamente todo um mercado de transporte privado de passageiros que estava estagnado há décadas. Ante, tudo o que o cliente podia fazer era pegar o telefone e ligar para a central, passar o endereço e esperar o taxi chegar. Se não fosse assim, deveria ir para uma avenida movimentada e ficar acenando para os taxis até um deles está vazio e parar.

Na geração Uber, tudo o que você tem que fazer é acessar o aplicativo no celular e solicitar um carro. E o melhor é que você já sabe quanto custará e poderá pagar no cartão de crédito se quiser pelo próprio aplicativo. Que mais facilidade do que isso? Eu acredito que não.

Mas, e a sua empresa-marca será diferente em que? Não precise ser tão inovadora e única como a Uber. Mas precisa ter algo que vá além do simples ato de prestar um serviço com qualidade e bom atendimento. Abrir uma empresa e criar uma marca só por criar é cultivar em solos férteis uma colheita de diversos fracassos. Ser diferente constitui uma real necessidade para as empresas ou marcas que estão chegando agora ao mercado para competir com marcas colossais milionárias ou bilionárias.

Representa o quê?

Bem-Estar é um conceito que representa algo extremamente importante para as pessoas, sobretudo, para as mulheres contemporâneas. A marca Natura sabe disso. "Bem Estar Bem" fez da Natura uma empresa milionária e fará por ela muito mais ainda. Porque esse conceito é capaz de representar mais do que uma linhade produtos.

Em 1969, quando Luiz Seabra fundou a Indústria de Comércio de Cosméticos Berjeaut é bem provável que o branding, pelo menos aqui no Brasil, ainda não tinha determinado as regras do jogo do marketing. Contudo, por mero extinto empreendedor, Seabra deve ter se dado conta de que com o nome de Berjeaut, dificilmente seria possível representar alguma coisa relevante na mente do cliente. Assim, meses depois nasceu a Natura, um gigante do comércio de cosmético que vende "bem-estar bem" para milhões de consumidores.

Conforme vimos, uma marca nada mais é do que um nome. Por sua voz, um nome ruim não consegue avançar muito nem é capaz de representar algo importante. Um título atraente, cativante e apaixonante é capaz de vender um produto com o mínimo de esforço possível. O contrário, mesmo com todo o empenho do mundo, pode não chegar a lugar algum.

Não importa o tempo que a empresa já tenha de mercado, o tamanho da companhia e a força que a marcaexerce. Se o nome for ruim, precisa e deve ser mudado urgentemente para uma denominação melhor.

Se a marca não consegue representar nada na mente do cliente em perspectiva, mate-a, mas salve o produto.

Crieum conceito relevante, único e imbatível. Depois, coloque-os ao lado de um nome forte, expressivo e inconfundível. Dessa forma, a adesão do cliente virá naturalmente mesmo em face da grande concorrência.

Não há outro meio de permanecer viva no mercado atual se não se adaptando, fazendo sempre mais do que o mínimo necessário. É o que as marcas campeãs de vendas estão fazendo no Mercado Minado em que atuam.

www.ingramcontent.com/pod-product-compliance
Lightning Source LLC
Chambersburg PA
CBHW031924170526
45157CB00008B/3041